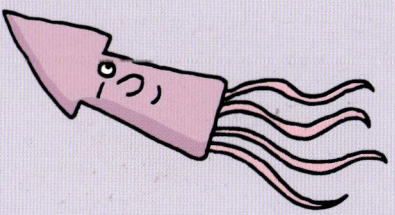

물 아저씨 과학 그림책 9
물 아저씨는 힘이 세

2016년 5월 1일 1판1쇄 발행 | 2025년 3월 15일 1판21쇄 발행

글·그림 | 아고스티노 트라이니   옮김 | U&J
펴낸이 | 나성훈   펴낸곳 | (주)예림당
등록 | 제2013-000041호   주소 | 서울시 성동구 아차산로 153
구매 문의 전화 | 561-9007   팩스 | 562-9007
책 내용 문의 전화 | 3404-9228
http://www.yearim.kr

책임 개발 | 박효정 / 서인하 문새미   디자인 | 이정애   콘텐츠 제휴 | 문하영
제작 | 신상덕 / 박경식   마케팅 | 임상호 전훈승

ISBN 978-89-302-6866-0 74400
ISBN 978-89-302-6857-8 74400(세트)

이 책의 한국어판 저작권은 (주)예림당과 Atlantyca S.p.A.사와의 독점 계약으로 (주)예림당에 있습니다.
저작권법에 의해 한국 내에서 보호를 받는 저작물이므로 무단 전재와 복제를 금합니다.

All names, characters and related indicia contained in this book, copyright of Edizioni Piemme S.p.A.,
are exclusively licensed to Atlantyca S.p.A. in their original version. Their translated and/or adapted
versions are property of Atlantyca S.p.A. All rights reserved.
Text and illustrations by Agostino Traini

©2014 Edizioni Piemme S.p.A., Palazzo Mondadori – Via Mondadori, 1 – 20090 Segrate
©2016 for this book in Korean language – YeaRimDang Publishing Co., Ltd.
International Rights   Atlantyca S.p.A. - foreignrights@atlantyca.it – www.atlantyca.com
Original Title: BUON LAVORO, SIGNOR ACQUA!
Translation by: 물 아저씨는 힘이 세

No part of this book may be stored, reproduced or transmitted in any form or by any means, electronic
or mechanical, including photocopying, recording, or by any information storage and retrieval system,
without written permission from the copyright holder. For information address Atlantyca S.p.A.

물 아저씨 과학 그림책 9

물 아저씨는 힘이 세

글·그림 아고스티노 트라이니

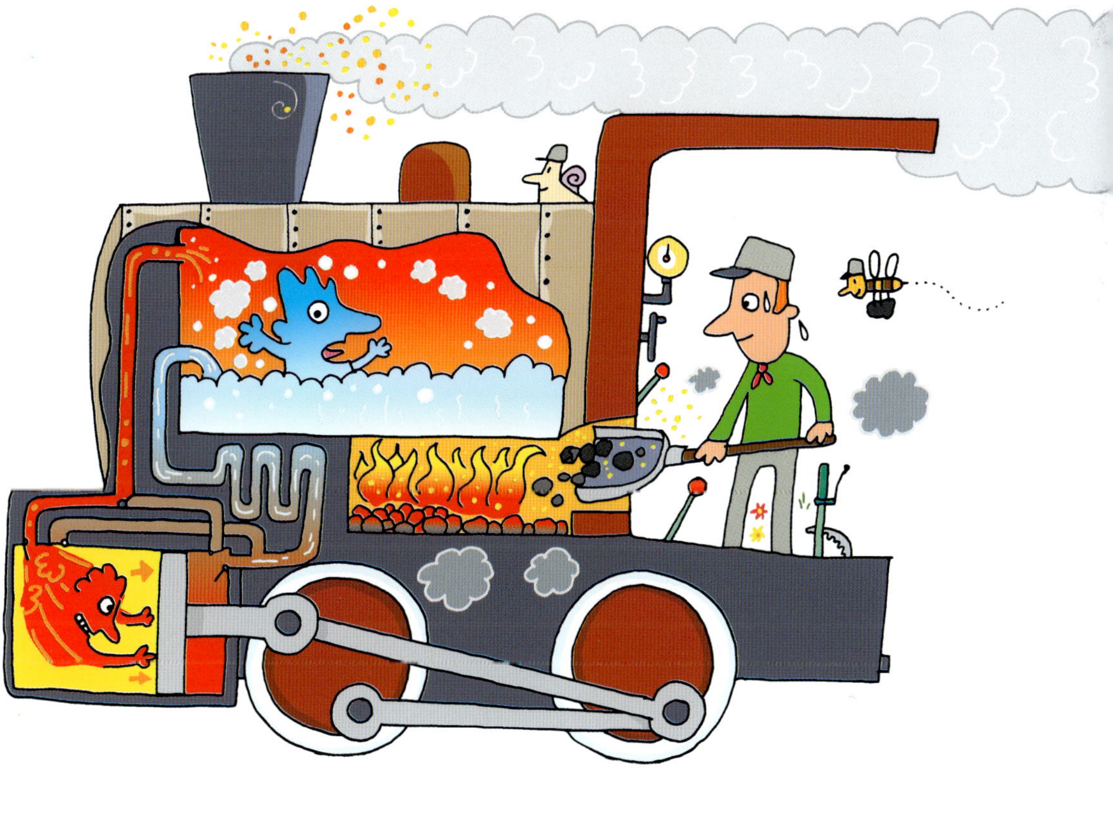

"오늘도 신나게 놀아 볼까?"
물 아저씨는 마음대로 모양을 바꾸고 움직일 수 있어요.
풀잎에 맺힌 이슬방울일 때는 작고 약하지만,
거대한 파도가 되면 힘이 정말 세져요!

습기가 많은 밤에는 이슬로 변신!

이슬은 상쾌해!

지구가 생긴 지 얼마 되지 않았을 때는 물이 부족했어요.
동물과 식물은 물론, 사람도 모두 목이 말랐지요.
물 아저씨는 누구나 깨끗한 물을 마실 수 있도록 힘을 쏟았어요.
구름이 되어 비로 내렸다가 땅에 스며들고 다시 강물로 흘러들며,
이런저런 모습으로 변하는 동안 점점 깨끗해졌거든요.

사실 그때는 물이 많이 필요하지 않았어요.
물 아저씨에게 물을 더 달라고 하는 사람도 없었지요.
마실 물과 목욕이나 수영할 물만으로도 충분했으니까요.

물 아저씨도 하는 일이 그리 많지 않았어요.
그런데 어느 날, 사람들이 통나무를 타고 강을 건넜어요.

그러다 사람들은 점점 다른 일도 하기 시작했어요.
아주 큰 배를 타고 나가 넓은 바다를 모험했지요.
물 아저씨는 배를 띄우고 파도에 휩쓸리거나
가라앉지 않도록 꼭 붙잡아 주었어요.

배들은 대부분 항해를 무사히 마쳤어요.
그런데 어쩌다 배에 구멍이 나면, 물 아저씨가 배 안에 가득 차서
바닷속으로 꼬르륵 가라앉는 일도 있었어요.

사람들은 늘 새로운 것을 발명했어요.
물론 물 아저씨도 힘을 보탰지요.
"물 아저씨, 물레방아 좀 돌려 주세요!"
물 아저씨가 물레방아를 빙글빙글 돌려 제분기를 움직이면,
밀이 곱게 빻아져서 맛있는 빵과 스파게티를 만들 수 있었어요.

화창한 어느 날, 물 아저씨는 댐을 발견했어요.
"이건 어디에 쓰는 거야?"
물 아저씨가 신기한 듯 물었어요.

"이건 댐이에요. 물 아저씨의 힘을 이용해 전기를 만드는 거예요!"
물 아저씨가 댐 안으로 들어가 잽싸게 발전기를 돌리면,
전기가 만들어져 집집마다 불이 켜졌어요.
한밤중에도 환하게 지낼 수 있었지요.

하루는 사람들이 몰려와 어려운 부탁을 했어요.
"물 아저씨, 배가 강을 거슬러 올라가게 해 주세요!"
물 아저씨가 이런저런 방법을 써 봤지만 쉽지가 않았어요.
"휴, 이건 나 혼자서는 못하는 일이야."

그러다 사람들이 커다란 수문을 만들고 열었다 닫았다 했어요.
물을 가두기도 하고 흘려보내기도 했지요. 이제 물 아저씨가
나설 차례였어요. 배를 강 위쪽으로 쓱 밀어 주자,
사람들이 몹시 기뻐했어요.

처음에 기차를 움직인 것도 물 아저씨였어요.
석탄을 때면 뜨거운 불이 물 아저씨를 수증기로 만들어요.

그러면 물 아저씨는 힘이 아주 세져서 바퀴를 덜컹덜컹 굴리지요.
수증기로 변신하면 큰 배도 움직일 수 있어요!

사람들은 요리를 하려고 뜨거운 불을 사용해요. 그러다 위험한 일이 벌어지기도 해요. 불 아저씨는 화가 나면 정말 무섭거든요.

물 아저씨는 사람들을 도와 불 아저씨를 진정시켰어요.
활활 타오르는 성난 불 아저씨를 끄는 건 몹시 힘들지만,
사람을 구하고 물건을 지키는 일이라서 보람도 커요.

요즘 사람들은 언제 어디서나 물 아저씨를 찾아요.
수도꼭지를 틀자마자 바로 나오기를 바라지요.

물 아저씨는 집 안에서도 하는 일이 참 많아요.
그래서 집에 들어올 때는 깨끗하지만 나갈 때는 항상 더러워져요.

동물 몸속을 지날 때도 마찬가지예요.
"나를 마시면 몸속을 청소하고 오줌으로 나온단다.
그러면 땅속에 스며들었다가 걸러져서 깨끗해지지."

하지만 공장에서 오염될 때면 정말 괴로워요.
너무 지독해서 다시 깨끗해지려면 오래오래 걸리거든요.
물 아저씨가 오염되면 동물도 식물도 살기 어려워져요.

으아~

콜록콜록,
너무 괴로워!

물 아저씨는 날마다 우리를 위해 열심히 일해요.
그리고 우리에게 딱 한 가지만 부탁하지요.
"물을 낭비하지 말고 아껴 써요!"

물 아저씨와 함께하는 신나는 과학 실험

차근차근 따라 해 보세요!
그동안 알지 못했던 재미있고 흥미진진한
사실들을 알게 될 거예요.

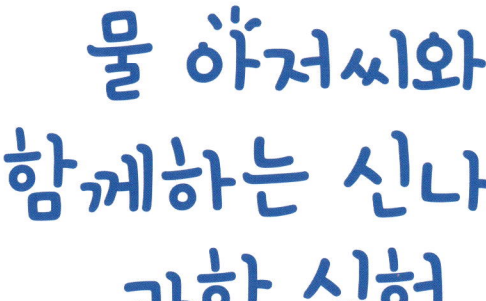

쌩쌩 페트병 배

준비물

페트병 1개

물이 묻어도 떼어지지 않는 테이프

 물

고무줄 여러 개

20센티미터 정도 되는 기다란 나무 막대기 2개

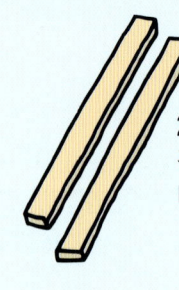

난이도

가로 3센티미터, 세로 8센티미터 정도 되는 얇은 나뭇조각이나 플라스틱

1

페트병 양옆에 나무 막대기 두 개를 테이프로 붙여요.

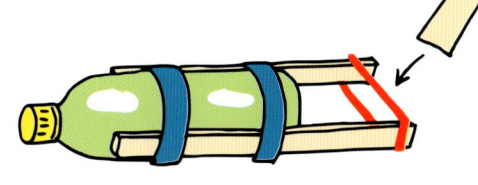

2

고무줄을 나무 막대기에
끼워요. 얇은 나뭇조각을
고무줄 사이에 넣고 뒤쪽으로
천천히 여러 번 돌려요.
배의 모터가 될 거예요!

3

배를 물 위에 띄우고 모터가
돌아가게 손을 떼요.

4

페트병 안에 물을 조금 채우면
배가 더 묵직해질 거예요.

스티커를 붙여
배를 꾸며 봐요!

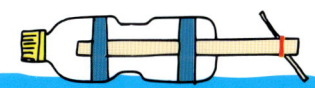 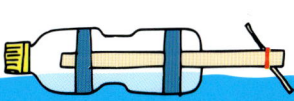 

고무줄에 감겨 있던 나뭇조각이 풀려
빠르게 회전하면서 물을 뒤쪽으로 밀어 내요.
그러면 반대 힘으로 배가 앞쪽으로 나아가요.

강낭콩이 쑥쑥!

준비물

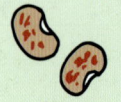 강낭콩 2~3알　　 숟가락

 솜　　 물

 컵 1개

난이도

1 컵 바닥에 솜을 깔고 강낭콩 한 알을 얹어요.

2 다른 솜으로 강낭콩을 덮어요.

 숟가락으로 물을 부어서 솜을 촉촉하게 적셔요. 햇빛이 비치지 않는 서늘한 곳에 두어요.

4 이제 기다려야 해요. 날마다 강낭콩을 관찰해 봐요. 솜이 말랐으면 물을 조금씩 부어서 촉촉하게 적셔요.

5 며칠 지나면 강낭콩이 부풀어 커지고 어린뿌리가 나와요.

여기서 잎이 나올 거예요!

조금 더 자라면, 화분에 옮겨 심고 햇빛이 잘 드는 곳에 둬요.

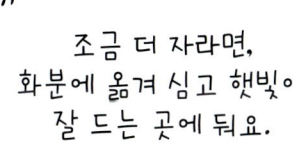

씨앗이 싹트려면 물이 꼭 필요해요. 하지만 물이 너무 많으면 썩어 버리고, 너무 적으면 싹이 안 터요. 또 적당한 온도에서 공기가 충분해야 싹이 잘 터요.

아고스티노 트라이니는 누구일까요?

저는 1961년에 태어났어요.
어렸을 때는 몰랐어요.

커서 그림책을 만드는 사람이
될 줄 말이에요.

한 권의 책을 만들려면 먼저
좋은 생각이 떠올라야 해요.

보통은 재미있는 등장인물들이
머릿속에 떠올라요.

엉뚱한 상황들도요.

하지만 가끔은 아무 생각도
나지 않을 때가 있어요!

생각이 떠오르면 그림을 그리기 시작해요. 먼저 연필로 그린 다음, 검은색 잉크로 다시 그려요.

그런 다음, 모든 장면을 색칠해요. 붓과 물감을 쓰기도 하고

컴퓨터로 작업할 때도 있어요. 이 책은 컴퓨터로 만들었어요.

이 모든 작업이 끝나면 인쇄해서 책이 완성됩니다. 정말 행복한 순간이지요!

Agostino Traini

아래의 주소로 저에게 이메일을 보낼 수 있어요.
agostinotraini@gmail.com

물 아저씨 과학 그림책

과학 공부의 시작은 물 아저씨와 함께! 세상 곳곳의
신기한 과학 현상을 배우며 지적 호기심을 가득 채워 보세요!

글·그림 아고스티노 트라이니 | 175×240mm | 32~48쪽

    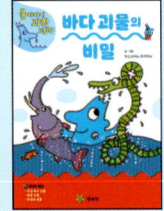 

1. **물** 아저씨는 변신쟁이
2. **공기** 아줌마는 바빠
3. **해** 아저씨는 밤이 궁금해
4. 키다리 **나무** 아저씨의 비밀
5. **계절**은 돌고 돌아
6. 물 아저씨와 **감각** 놀이
7. 알록달록 **색깔**이 좋아
8. **화산**은 너무 급해
9. 물 아저씨는 **힘**이 세
10. **농장**은 시끌벅적해
11. 바람 타고 **세계** 여행
12. **불** 아저씨는 늘 배고파
13. **폭풍**은 이제 그만
14. 물 아저씨와 **몸속** 탐험
15. 옛날에 **공룡**이 살았어
16. **파도**가 철썩 지구가 들썩
17. **바다 괴물**의 비밀